Jutta Portner
Flexibel verhandeln

Jutta Portner

Flexibel verhandeln
Die vier Fälle der NEGO-Strategie

*Danke an meine drei Söhne Jannic, Julien und Justin
vom Team »Q.«*

*Danke an Petra Spohn für ihre Intelligenz, Pragmatik
und Frische*

*Danke an Dr. Petra Schmöller, kluge Beraterin
und zum zweiten Mal Erstleserin*

*Danke an Franco Arda, Verhandlungsexperte und
wertvoller Sparringspartner*

Bibliografische Information der Deutschen Nationalbibliothek

Die Deutsche Nationalbibliothek verzeichnet diese Publikation
in der Deutschen Nationalbibliografie; detaillierte bibliografische
Daten sind im Internet über http//dnb.d-nb.de abrufbar.

ISBN 978-3-86936-755-2

Lektorat: Anke Schild, Hamburg
Umschlaggestaltung: Stephanie Böhme Konzeption und Design, Neuwied
Fotografien: Chris Roemer I www.chrisroemer.de
Autorenporträt: Stefanie Aumiller I www.stefanieaumiller.com
Satz und Layout: Das Herstellungsbüro, Hamburg I
www.buch-herstellungsbuero.de
Druck und Bindung: Salzland Druck, Staßfurt

© 2017 GABAL Verlag GmbH, Offenbach

Alle Rechte vorbehalten. Vervielfältigung, auch auszugsweise,
nur mit schriftlicher Genehmigung des Verlages.

www.gabal-verlag.de
www.twitter.com/gabalbuecher
www.facebook.com/Gabalbuecher

Inhalt

Auf ein Wort	7
Wie dieses Buch aufgebaut ist	9

1. Flexibel verhandeln — 11

1.1 Mal ehrlich: Wie gut verhandeln Sie? — 12
1.2 Der wahre Profi spielt die große Klaviatur — 13
1.3 Es geht nicht ohne: Kommunikation und Kontakt — 30
1.4 Flexibilität – die Zukunft des Verhandelns — 43

2. Die Vorbereitung: klare Strategie und das Ziel im Visier — 51

2.1 Ganz am Anfang: Recherche und Analyse — 52
2.2 Sie wollen führen? Folgen Sie dem Prozess — 65
2.3 Wenig Zeit? Der Onepager zur schnellen Vorbereitung — 75
2.4. Zwei Seelen wohnen, ach! in meiner Brust — 77
2.5. Sie entscheiden! Kooperation oder Wettbewerb — 78

3. Die vier NEGO-Fälle des flexiblen Verhandelns — 84

3.1 Wenn Grenzen überschritten werden — 88
3.2 FREUND trifft FREUND – beide geben und teilen fair — 99
3.3 FREUND trifft FEIND – ich gebe und du nimmst — 103
3.4 FEIND trifft FREUND – ich nehme und du gibst — 107
3.5 FEIND trifft FEIND – keiner gibt und beide nehmen — 111

4. FREUND trifft FREUND — 120

4.1 Das Harvard-Konzept – mehr als ein Kuschelverhandeln — 121
4.2. Vertrauen entsteht nicht von allein — 125
4.3 Hot Buttons – Emotionsmanagement für Profis — 134
4.4 Hinter Positionen liegen Interessen — 143
4.5 Gerechtigkeitsanspruch — 147

5. FREUND trifft FEIND — 156

5.1 Getting Past No – die Kunst der Deeskalation — 157
5.2 Grenzen setzen – sich nicht ausnutzen lassen — 176

5.3	Aus einer extrem schwachen Position heraus verhandeln	182
5.4	Wann Sie nicht mehr verhandeln sollten	189

6. FEIND trifft FREUND — 193

6.1	Clever manipulieren	193
6.2	Verhandlungsmacht ausspielen	196
6.3	Warnung und Drohung als Taktik	198
6.4	Wahre Zauberkunst – Verhandlungstricks	201
6.5	Pre-Tricks, Mid-Tricks und Late-Tricks – Pokern vom Anfang bis zum Ende	207

7. FEIND trifft FEIND — 240

7.1	Wenn die Verhandlung schmutzig wird	243
7.2	Konfrontation mit Lüge und Betrug	260
7.3	Das Gesicht wahren – immer und überall	266
7.4	Der Irrationalität ins Auge sehen	269

8. Die NEGO-Strategie: kooperativ und kompetitiv verhandeln — 274

8.1	»I have control« – übernehmen Sie die Führung	275
8.2	Nicht Krieg oder Frieden – Krieg und Frieden	289
8.3	Die Spieltheorie – historischer Hintergrund	297
8.4	Tit for tat – so flexibel verhandeln Profis	304

9. P.A.C.T.: das Werkzeug der NEGO-Strategie — 309

9.1	People – an den richtigen Strippen ziehen	310
9.2	Attraction – sexy werden	314
9.3	Contract – dominieren mit Regeln	317
9.4	Tactics – geschickt navigieren im Nebel	323
9.5	Damit Sie immer das große Spielfeld überblicken	333

Anhang — 345

Anmerkungen	345
Literaturverzeichnis	350
Register	353

Auf ein Wort

Guten Tag, liebe Leserinnen und Leser,

in den letzten Jahren hatte ich das große Glück, durch meine Tätigkeit als Businesscoach und Managementtrainerin in vielen spannenden Projekten auf hervorragende Verhandler zu treffen. Das hat meinen Erfahrungsschatz weiter bereichert. Ich habe sehr viel von den Erfahrungen meiner Kunden gelernt und profitiert. Das hat mich motiviert, nach *Besser verhandeln. Das Trainingsbuch* ein zweites Buch zum Thema Verhandeln zu schreiben.

Durch meinen Aufenthalt an der Harvard University und der Teilnahme an dem Seminar »Teaching Negotiation in the Organization« bin ich zutiefst vom Ansatz des kooperativen Verhandelns überzeugt. Interessenbasiert zu verhandeln und Probleme gemeinsam zu lösen, um dadurch eine dauerhafte Zusammenarbeit zu ermöglichen, passt zu meinen Werten. Der harte Geschäftsalltag sieht allerdings oft anders aus. Lieferanten stöhnen unter den unbeugsamen Forderungen der Einkäufer. Geschäftsführer berichten von Verhandlungen, in denen sie auf Gegner treffen, die mit Tricks versuchen, sich einen einseitigen Vorteil zu verschaffen. Andere Verhandlungspartner nutzen die Basartaktik und verstehen Verhandeln nur als Gewinner-Verlierer-Strategie. Man möchte kooperieren, doch Konkurrenz und Wettbewerb stehen oft im Vordergrund.

Nach und nach wuchs bei mir die Erkenntnis, dass Kooperation und Wettbewerb nicht Entweder-oder-Taktiken sind, sondern in den

meisten Fällen in ein und derselben Verhandlung gleichzeitig stattfinden. In einer Verhandlung kann zusammengearbeitet *und* konkur-
riert werden. Es gibt kaum Literatur, die diesen Ansatz abdeckt. Viele
Bücher propagieren entweder das harte oder das weiche Verhandeln.
Mit *Flexibel verhandeln* möchte ich bei Ihnen ein Verständnis für das
Miteinander dieser beiden Stile entwickeln und Ihnen praxiserprobte
Werkzeuge an die Hand geben, um Ihre Verhandlungen erfolgreich
und flexibel zu führen. Mit der NEGO-Strategie – NEGO ist die Ab-
kürzung des englischen Begriffs »negotiation« und wird international
besonders von jungen Verhandelnden gebraucht – spielen wir an-
schaulich die vier Situationen des flexiblen Verhandelns durch:

- Wie es Ihnen glückt, mit Freunden zu verhandeln
  (FREUND trifft FREUND)
- Wie Sie aus einer schwachen Position heraus verhandeln
  (FREUND trifft FEIND)
- Wie Sie auch mal clever manipulieren
  (FEIND trifft FREUND)
- Wie Sie sich verhalten, wenn die Verhandlung schmutzig wird
  (FEIND trifft FEIND)

Ob in beruflichen oder privaten Verhandlungen – Sie erfahren, wie
Sie gleichzeitig kooperieren und konkurrieren können. So gelingt Ihnen jede Verhandlung.

Viel Freude und erkenntnisbringende Aha-Momente wünschen Ihnen

Jutta Portner
und das Team von C-TO:BE | THE COACHING COMPANY

Wie dieses Buch aufgebaut ist

Flexibel verhandeln besteht aus neun Kapiteln. Das erste Kapitel lädt den Verhandelnden ein, zukünftig bewusst statt unbewusst zu verhandeln. Es zeigt auf, dass der wahre Profi die große Klaviatur beherrscht und somit Flexibilität erreicht, um je nach Situation kooperativ oder kompetitiv zu agieren. Kapitel 2 beschäftigt sich mit der Vorbereitung einer Verhandlung, denn eine gute Vorbereitung ist der halbe Erfolg. In Kapitel 3 werden die vier Fälle des flexiblen Verhandelns vorgestellt: FREUND-FREUND-, FREUND-FEIND-, FEIND-FREUND- und FEIND-FEIND-Verhandlungen. In den darauffolgenden vier Kapiteln werden diese Fälle genauer erläutert. Im achten und neunten Kapitel stelle ich »Coopetition« vor, die NEGO-Strategie und die passenden Werkzeuge, die es ermöglichen, die vier Fälle zusammenzuführen und als wahrer Verhandlungsprofi flexibel einzusetzen.

Folgende Stilmittel machen das Lesen hoffentlich zum Vergnügen:

Hier finden Sie Verhandlungssituationen aus dem Leben. Das können Case-Studies sein, aber auch Fragen, die Verhandelnde dem Verhandlungscoach stellen, sowie dessen Antwort – der Tipp vom Experten an den Laien. Symbolisiert wird diese Rubrik durch den Kreis von Stühlen, stellvertretend für die Vielfalt an Themen im Leben von Verhandelnden.

Der hungrige Leser bekommt von mir wertvolle Empfehlungen für weiterführende Literatur, die ihm hilft, die Gesamtzusammenhänge noch tiefer zu begreifen. Der weiße Stuhl im Kornfeld ist unser Stellvertreter für das Lesefutter. Es gibt Appetizer, die die Lust auf mehr machen, und es gibt ab und zu auch mal raffinierte Häppchen, über die wir staunen, weil sie uns überraschen.

Denkzeit

Theorie zu kennen ist schön und gut. Viel wichtiger ist es jedoch, zu überprüfen, wo Sie die Tipps auch in Ihrem Verhandlungsleben einbauen können. Der weiße Stuhl am runden Tisch lädt Sie hierzu ein.

NEGO-Know-how

Symbolisiert durch den weißen Stuhl am Fluss. Nehmen Sie sich Zeit und lassen Sie sich inspirieren, denn wissen kann man nie genug.

Berühmte Verhandelnde

Ja, es gibt sie – die Verhandelnden, die Zeichen gesetzt haben. In der Rubrik »Berühmte Verhandelnde« finden Sie ausgewählte Stellvertreter verschiedener Verhandlungsstile. Das sind nicht immer nur positive Beispiele. Repräsentiert wird dieses Thema durch den Stuhl vor der Münchner Oper. Manchmal Glanz und Gloria, vor allem aber immer im Rampenlicht der Öffentlichkeit.

1. Flexibel verhandeln

Viele weiße Stühle stehen auf diesem Bild ungeordnet nebeneinander. Die Passanten eilen daran vorbei, ohne sie eines echten Blickes zu würdigen. Vielen Verhandelnden geht es ähnlich: Ihr Businessalltag besteht aus dichtgedrängten Aufgaben, Erwartungen und Herausforderungen. Sie hasten von einer Verhandlung zur nächsten und entscheiden oft unbewusst. Manchmal sind sie mit dem Ergebnis zufrieden, oft allerdings auch nicht. Das erste Kapitel lädt Sie ein, ein wenig die Geschwindigkeit zu reduzieren, um künftig mit geschärftem Blick bewusst und flexibel zu verhandeln.

Wann haben Sie das letzte Mal verhandelt? Vielleicht gerade eben, als Sie mit Ihrem Partner geklärt haben, wohin der nächste Kurzurlaub geht. Vielleicht letzte Woche, als Sie eine harte Preisverhandlung mit einem unnachgiebigen Lieferanten geführt haben. Vielleicht letzten Monat, als Sie sich mit Ihrem Vermieter über die Ablöse für die Küche einigten. Mit großer Wahrscheinlichkeit liegt der letzte Zeitpunkt einer Verhandlung nicht lange zurück. Wir verhandeln beinahe täglich. Oft sind wir uns dessen gar nicht bewusst. Wir lösen Probleme im Privat- und Berufsleben, wollen andere von unseren Ideen überzeugen, stellen spontan Forderungen und ersteigern auch mal ein Schnäppchen auf dem Flohmarkt.

»Wir sollten niemals aus Furcht verhandeln. Aber wir sollten Verhandlungen auch niemals fürchten«, sagte J. F. Kennedy in seiner Antrittsrede am 20. Januar 1961. Wahrscheinlich wird es so sein, dass Sie in sehr vielen Fällen im Anschluss nicht mehr groß über die Verhandlung nachdenken. Alles ist gut gelaufen. Wunderbar. Wenn aber das Ergebnis nicht so ausfällt, wie wir uns das vorstellen, dann überlegen wir doch, woran das gelegen haben kann.

1.1 Mal ehrlich: Wie gut verhandeln Sie?

Wenn ich Sie fragen würde, wann Sie denn das erste Mal in Ihrem Leben verhandelt haben, dann werden Sie vermutlich sehr schnell erkennen, dass Sie schon von Kindesbeinen an verhandeln. Ihre Tochter möchte heute nicht in den Kindergarten, sondern lieber mit dem neuen Lego spielen? Sie selbst müssen ins Büro zu einer wichtigen Besprechung mit Ihrem Vorgesetzten. Und schon wird verhandelt. Der Interessenskonflikt wird gelöst und wenig später liefern Sie Ihre Tochter hoffentlich im Kindergarten ab. Aber verhandeln wir auch gut? Natürlich haben wir durch unseren unendlichen Erfahrungsreichtum sehr viele Strategien entwickelt, um zum Erfolg zu kommen. Mit Sicherheit sind sehr viele bewährte und richtige Vorgehensweisen dabei. Vielleicht steht Ihnen aber auch an der einen oder anderen Stelle ein altes Muster in Weg. Oder Sie haben einen »Hot Button«, der vom Gegenüber gedrückt werden kann. Da reicht manchmal schon ein einzelnes Wort oder eine kleine Geste des Verhandlungspartners – die für uns wie ein rotes Tuch sind – und schon kochen die Emotionen hoch. Meistens reagieren wir dann nicht kontrolliert und überlegt, sondern unbedacht. Oder aber wir drücken die heißen Knöpfe beim Verhandlungspartner und wundern uns, dass unser Partner auf einmal dichtmacht und uns vorwirft, unfair zu spielen. Dabei haben wir es doch gar nicht so gemeint. Wir fangen an, uns zu rechtfertigen, und die Situation eskaliert.

Ziel dieses Buches ist es, Ihnen als Verhandelndem zu zeigen, wie Sie zukünftig bewusster verhandeln und damit flexibler werden. Sie werden zum echten Verhandlungsprofi. Dazu ist es hilfreich, einen Wissensschatz über Verhandlungstheorie zu besitzen, auf den Sie während Ihrer Verhandlungen zurückgreifen können. Wenn Sie Verhandlungstheorie kennen, können Sie Dynamiken in der Haltung der Verhandelnden verstehen und schon in der Vorbereitung den richtigen Weg und mögliche Abzweigungen planen. Sie werden zum Navigator Ihrer Verhandlung. In der Verhandlung selbst werden Sie flexibel reagieren und die passenden (Gegen-)Maßnahmen treffen können, wenn Sie die richtigen Taktiken kennen. Dabei können Sie die sogenannte Helikopterperspektive einnehmen. Das heißt, Sie begeben sich während der Verhandlung mental nach oben und richten den Blick von dort auf das Gesamtgeschehen. So gelangen Sie aus einem Reaktionsmodus in einen Gestaltungsmodus und werden das Verhandlungsergebnis zunehmend stärker steuern können.

1.2 Der wahre Profi spielt die große Klaviatur

Lassen Sie uns einen zweiten, genaueren Blick aus dem Cockpit des Helikopters werfen. Ein Helikopter schwebt über dem Geschehen und ermöglicht den Blick auf das große Ganze, auf die gesamte Szenerie. Gleichzeitig können Hubschrauber in der Luft stehen, sodass die Insassen, anders als im Flugzeug, in Ruhe überprüfen können, was sie sehen. Viele Rettungsaktionen von Polizei, Bergrettung oder ADAC bauen genau darauf. Mit Feldstechern wird die Umgebung abgesucht, um wertvolle Informationen zur Erfüllung des Rettungsauftrags zu erhalten. Gelingt Ihnen der Blick aus dem Cockpit in der Verhandlung, dann können Sie unmittelbar zuordnen, was auf den drei Ebenen des Verhandelns geschieht.

Die erste ist die inhaltliche Ebene: Hier geht es um das, was Sie verhandeln, es geht um die Verhandlungsgegenstände. Sie sind fachlicher Experte und verfügen über ein großes Fundament an Wissen und Know-how, das Ihnen hilft, Situationen, Angebote und Forderungen realistisch zu beurteilen. Die zweite Ebene ist die Prozessebene: Jede Verhandlung verläuft nach sieben vorbestimmten Phasen. Folgen Sie diesen Phasen, dann werden Sie Sackgassen vermeiden und somit einen effizienten Ablauf sicherstellen. Die dritte Ebene ist die Beziehungsebene. Die Beziehungsebene spiegelt, wie die Verhandelnden zueinander stehen. Als soziale Wesen können wir nicht ohne Emotionen miteinander umgehen. Das betrifft uns selbst und auch unsere Verhandlungspartner. Die Beziehung kann in der Verhandlung gestärkt oder beschädigt werden, je nach Atmosphäre in der Verhandlung.

Sicherlich fragen Sie sich jetzt, wie Sie entspannt aus Ihrem Cockpit von oben nach unten blicken können, um in Ruhe zu analysieren. Sie sind schließlich gleichzeitig auch unten am Boden. Sie verhandeln am Tisch und nicht in der Luft. Zoomen Sie sich ab und an nach oben. Dann können Sie erkennen, ob Sie gemäß Ihrer Erwartung auf den einzelnen Ebenen vorankommen und sich dem Ziel Ihrer Verhandlung nähern. Aus der professionellen Distanz heraus sind Sie in der Lage, nachzusteuern und zu korrigieren. Als Pilot werden Sie die richtigen Schalter betätigen. Dabei sind Sie in einem aktiv gestaltenden Modus und nicht länger nur im Reaktionsmodus. Piloten durchlaufen intensive Ausbildungen, die sie darauf vorbereiten, in allen Routinesituationen den Helikopter sicher zu beherrschen und auch im Notfall einen kühlen Kopf zu bewahren.

Je mehr Sie über Verhandlungstechnik wissen, je mehr Erfahrung Sie haben, umso größer wird die Klaviatur sein, die Sie bespielen können. Sie können dann Dynamiken erkennen, bekannte Prinzipien zuordnen, schwierige Situationen bewerten und bewusste Entscheidungen treffen, wie Ihre Reaktion aussehen soll. Das ist professionell.

Die folgende Fallstudie[1] zeigt, wie groß die Klaviatur an Lösungsmöglichkeiten zum Klären eines Interessenskonfliktes ist.

NEGO-Life

- **Geld oder Liebe oder Wie wird sich Tom entscheiden?**

Lieber Verhandlungscoach,

ich bin Marc, Vice President (Sales) bei ChemTec Enterprises. Ich habe mich sehr darauf gefreut, heute Abend nach Palma de Mallorca zu fliegen. Dort werde ich meine Frau Julia und unsere beiden Kinder treffen. Wir haben eine wunderbare Finca gemietet, um dort die letzten zwei Wochen der Sommerferien mit unseren Kindern zu verbringen. Julia ist schon vor drei Tagen mit den Kindern vorgeflogen, da ich kurzfristig von Tom Schwarz, unserem CEO und meinem Vorgesetzten, einen besonderen Auftrag erhalten habe. Wir planen mit ETP (EcologicalTissueProject), einem unserer Kunden, ein Joint Venture, bei dem es um eine Neuentwicklung von Papierservietten geht. Diese sollen zukünftig mit umweltfreundlichen Farben bedruckt werden. Der Vertragsentwurf hat sich als völlig chaotisch erwiesen, doch Tom benötigt bis Donnerstag ordentliche und vollständige Vertragsdokumente. An diesem Tag will er sich mit dem Geschäftsführer von ETP treffen, um den Vertrag endgültig zu verhandeln und zu unterzeichnen. Das Thema ist sehr komplex. Es gibt viele unterschiedliche Facetten und Hintergrundinformationen. Dazu existieren noch verschiedenste Entwürfe.

Mir blieb keine andere Wahl, als den Start meines Urlaubs zu verschieben. Ich habe mich bei meinen Kindern und Julia entschuldigt. Sie können sich vorstellen, dass Julia nicht gerade begeistert war, mit den Kindern vorzufliegen. Ich habe ihr hoch und heilig versprochen, das Wochenende durchzuarbeiten und Tom die Unterlagen Anfang der Woche zu übergeben. Spätestens am Montagabend, so versicherte ich ihr, wolle ich dann nachkommen.

Ich habe mich ja selbst darüber geärgert, dass Tom mir diese Aufgabe aufs Auge gedrückt hat. Zumal meine Mitarbeiter und ich nicht die Verursacher des Chaos sind. Die Vertragsdokumente hätten von Jan, unserem Vice-President (Legal), der seit drei Wochen krank ist, fertiggestellt werden sollen. Da es sich um ein für unser Unternehmen sehr zukunftsträchtiges

Projekt handelt, weiß ich, dass wir nicht warten können, bis Jan aus dem Krankenstand zurück ist. Auf der einen Seite ist es für mich selbstverständlich, einzuspringen, wenn Not am Mann ist. Ich fühle mich auch geschmeichelt, dass Tom mir zutraut, die wüsten Unterlagen in Ordnung zu bringen. Auf der anderen Seite gibt es immer wieder häuslichen Stress, und Julias Nerven sind arg strapaziert: »Tom *ist dir wichtiger als ich und die Kinder.*« *Ehrlich gesagt ist es nicht das erste Mal, dass die Firma Vorrang hat. Und wenn ich in mich hineinspüre, dann hat Julia eigentlich ja sogar recht. Jetzt hat mir Tom gerade gesagt, dass ich ihn am Donnerstag begleiten soll, da ich derjenige bin, der den Vertragsentwurf am besten kennt. Was soll ich tun?*

LG Marc

Hallo, Marc,

ich kann gut nachvollziehen, in welch schwieriger Situation Sie sich befinden. Es gibt zehn verschiedene Möglichkeiten, wie Sie sich entscheiden können.

1. Sie können Tom sagen, dass der Jahresurlaub mit Ihrer Familie für Sie eine »heilige Kuh« ist, und es klar ablehnen, mit zu der Verhandlung zu gehen.
   FRAGE: Was bedeutet das für Ihre weitere berufliche Entwicklung?

2. Sie können Tom vorschlagen, dass jemand anderes an Ihrer Stelle mit zu der Verhandlung kommt, und an seinen Sinn für Fairness appellieren.
   FRAGE: Was passiert, wenn es Ihnen nicht gelingt, Tom zu überzeugen?

3. Sie können Tom vorschlagen, im Laufe des Tages einen Kollegen in das Thema einzuarbeiten, der ihn dann zu der Verhandlung begleitet. Und Sie können so am Abend nach Mallorca fliegen.
   FRAGE: Was passiert, wenn es niemanden gibt, der dazu qualifiziert ist?

4. Sie können Tom Ihr Dilemma erklären und vorschlagen, eine Münze zu werfen und den Zufall entscheiden zu lassen.
   FRAGE: Was passiert, wenn Tom eine Aversion gegen Glücksspiele hat und überhaupt keinen Grund sieht, seine Chancen um 50 Prozent zu minimieren?

5. Sie können ihn bitten, den Aufsichtsratsvorsitzenden hinzuzuziehen, um sich Ihr Thema anzuhören und eine Entscheidung zu treffen.
   FRAGE: Welchen Einfluss haben Sie an dieser Stelle, und ist diese Lösung gesichtswahrend für Tom?

6. Sie können anbieten, Tom zu begleiten, wenn dieser die Kosten für einen neu zu buchenden Flug nach Mallorca übernimmt und Sie den Urlaub um ein paar Tage verlängern können.
   FRAGE: Was passiert, wenn Tom keine Notwendigkeit sieht, die Kosten zu übernehmen?

7. Sie können drohen zu kündigen und den Arbeitgeber wegen unzumutbarer Forderungen zu verklagen.
   FRAGE: Wie glaubwürdig ist so eine Drohung? Würden Sie am Ende vielleicht sogar nachgeben? Und sind Sie willens, die Konsequenzen zu tragen? Was kostet ein Gerichtsverfahren vor dem Arbeitsgericht? Und würden Sie gewinnen?

8. Sie können Tom bitten, die Verhandlung mit ETC auf einen Zeitpunkt nach Ihrem Urlaub zu vertagen.
   FRAGE: Was passiert, wenn der Termin so dringlich ist, dass er nicht zu verschieben ist?

9. Sie können eigenständig die Begleitung zur Verhandlung an einen Ihrer Mitarbeiter delegieren.
   FRAGE: Was passiert, wenn der Mitarbeiter sich weigert, nicht qualifiziert genug ist oder Tom den Mitarbeiter nicht akzeptiert?

10. Sie können tun, was Tom von Ihnen erwartet.
    FRAGE: Welche Auswirkung hat das Nachgeben auf Ihre Partnerschaft?

Sie sehen, es gibt viele verschiedene Möglichkeiten, einen Interessenskonflikt zu lösen. Sie haben die Wahl! Durch ein Aufzeigen der verschiedenen Optionen fällt es Ihnen leichter, Klarheit zu gewinnen und sich für den richtigen Weg zu entscheiden.[2]

TAKE THE CHAIR!

Ihr Verhandlungscoach

Wie haben Sie bisher verhandelt? Es gibt viele mögliche Strategien der Lösungsfindung. Lassen Sie uns die klassischen Wege genauer ansehen. Als Verhandelnde wollen wir grundsätzlich immer einen Interessenskonflikt lösen. Am Ende wird eine Entscheidung stehen. Die meisten Verhandelnden beziehen durchaus einige, wenn auch nicht alle Lösungsmöglichkeiten mit ein. Das kann bewusst oder unbewusst sein.

■ **Viele Wege führen zum Ziel oder Das Potpourri der Lösungsfindung**

Um zu einer Entscheidung zu kommen, können Verhandelnde:

- Nein sagen
- Druck ausüben
- das Ergebnis anordnen
- überzeugen
- nachgeben
- den Status quo hinnehmen
- den Zufall entscheiden lassen
- eine unparteiische dritte Person hinzuziehen
- gemeinsam das Problem lösen

Nein sagen

Der einfachste und schnellste Weg, einen Interessenskonflikt in einer Verhandlung zu lösen, ist es, klar und deutlich Nein zu sagen und somit das Angebot der Gegenseite zurückzuweisen. Ohne Erklärungen. Ohne Rechtfertigungen. Kurz und schmerzlos und damit sehr effizient. »Ich habe das ganze Verhandeln satt«, könnte Marc zu Julia sagen. »Ab sofort fahren wir nur noch dann in Urlaub, wenn es in der Firma gerade passt. Schließlich bekomme ich von der Firma das Geld, von dem wir alle leben.« Das ist eine klare Ansage. Was bleibt Julia? Sie kann sich unterordnen und die Dominanz akzeptieren oder zum Gegenangriff übergehen. Beziehungsfördernd ist dieser Weg selten. Ein Nein ist also dann angemessen, wenn Sie das Angebot ablehnen *und* gleichzeitig bereit sind, die Konsequenzen dieses Neins zu tragen.

Druck ausüben

Von der sanften Warnung bis hin zur massiven Drohung gibt es ein breites Spektrum an Möglichkeiten, mit denen Sie Entscheidungen in Verhandlungen beeinflussen können. Der Verhandelnde untermauert seine Absichten, indem er ganz klare Konsequenzen aufzeigt. Das kann eine freundliche »Wettervorhersage« sein, indem ein Einkäufer seinen Lieferanten am Verhandlungstisch freundlich darauf hinweist, wie die Marktsituation aussieht und dass etliche Mitbewerber des Lieferanten schon angefragt haben, ob sie ins Geschäft kommen können.

Betrachten wir diese Möglichkeit genauer, gibt es einen Unterschied zwischen einer Warnung und einer Drohung. Bei einer Warnung schreibt sich der Warnende keinen unmittelbaren Einfluss auf das Ergebnis zu. Die Entscheidung, ob er dem Einkäufer preislich noch einmal entgegenkommen möchte, liegt in diesem Fall beim Lieferanten. Der Gewarnte kann sein Verhalten ändern und damit das Ergebnis der Verhandlung modifizieren, um so den »Schaden« möglichst gering zu halten. Der Warnende akzeptiert dabei die Entscheidung des Gewarnten. Bei der Drohung liegt der Fall anders. Der Drohende stellt die Konsequenz der Ankündigung als etwas dar, was ausschließlich seinem Einfluss unterliegt. Dem Bedrohten wird so seine Machtlosigkeit aufgezeigt. Die Gegenseite wird durch den Aufbau von Drohszenarien gezielt verunsichert. Diese Verunsicherung führt zu emotionaler Instabilität – besonders wenn sie mit massiven persönlichen Angriffen und verbalen Attacken verbunden ist. Ziel des Drohenden ist es, ein Nachgeben des Gegenübers zu erzwingen.

NEGO-Life

- **Hinter der Kulisse einer Oligarchenehe oder Drohen, wenn es um Milliarden geht**

Wladimir Potanin gehört unbestritten zu den reichsten Russen. Es gibt verschiedene Schätzungen zu seinem Gesamtvermögen; eine liegt bei 12,7 Milliarden Euro. Um die Aufteilung dieses gigantischen Vermögens streitet er mit seiner Exfrau, die er nach 30 Ehejahren wegen einer Jüngeren verließ, mit allen zur Verfügung stehenden juristischen und persönlichen Mitteln.

Natalya Potanina, die Exfrau des russischen Oligarchen, verlangt von ihrem Mann die Hälfte seines Vermögens: rund 6,35 Milliarden Euro. Die teuerste Scheidung der Welt wird begleitet von massiven Drohungen. In dem Arte-Film *Die Frauen der Oligarchen* berichtet Natalya Potanina davon, dass sie bedroht wird und sehr viel Geld für Sicherheit ausgibt, für Personenschützer, Fahrer und Wachpersonal. Denn so manche Oligarchenfrau endete mit gefälschten Papieren in der Psychiatrie oder erlitt einen tödliche Autounfall. »Ich habe Angst, dass meine Kinder und ich vergiftet werden. Wir lassen regelmäßig die Luft der Klimaanlage untersuchen«, so Potanina im Interview.

Ein interessanter Gesichtspunkt beim Umgang mit Drohungen ist das Abwägen des Opfers, ob es sich lohnt, auf der Sachseite zu siegen und dafür einen hohen emotionalen Preis zu bezahlen. So berichtete eine weitere Exoligarchenfrau, dass sie bewusst auf alles verzichtet habe, um sich zu schützen, und ihre Energie lieber in ein Zukunftsprojekt gesteckt habe. Was bleibt, ist der fade Beigeschmack, der Gegenseite den Sieg zu schenken, von dieser erkauft durch unmoralisches Verhalten.

Das Ergebnis anordnen

Eine weitere wirksame Möglichkeit, Entscheidungen in Verhandlungen zu beeinflussen, sind Anordnungen. Das kann funktionieren, wenn die Befugnisse klar definiert sind. Ober sticht Unter. Den Anweisungen des hierarchisch Höhergestellten ist Folge zu leisten. Je autoritärer der Führungsstil, desto häufiger wird das Anordnen als Strategie gewählt. Es ist einfach, schnell und effizient. Allerdings benötigt der Mächtige den Ohnmächtigen, der ihm folgt. Die Befugnisse sind dabei nicht immer ganz klar. Der Vorgesetzte eines Projektleiters in einem Automobilkonzern informierte diesen in einer Mail darüber, dass er ab Anfang des nächsten Jahres für zwei Jahre nach China entsendet wird. Er habe ja beim Unterschreiben seines Arbeitsvertrages der Klausel zugestimmt, dass das Unternehmen ihn dort einsetzen könne, wo er mit seinen Kompetenzen benötigt werde. In diesem Fall kann es für den Mitarbeiter schwierig werden, das »Ob oder ob nicht« zu verhandeln. Diesem Projektleiter blieb lediglich, mit der Abteilung »Global Assignment« die Vertragsbedingungen zu verhandeln. Sagt der Vorgesetzte allerdings zu seiner Assistentin »Machen Sie doch bitte noch einen Friseurtermin für mich«, begibt er sich in eine Grauzone. Gilt die hierarchische Macht, die der Vorgesetzte im Unternehmen innehat, bis ins Privatleben hinein?

Das Ausüben von Druck mittels Anordnungen kann auch zu Verweigerung oder Revolte führen. Wenn der autoritäre Vater seinen pubertierenden Sohn anweist, jeden Tag zwei Stunden Physik zu lernen, wird er nicht immer damit Erfolg haben. Andere Methoden wie das Überzeugen oder die gemeinsame Problemlösung sind im Alltag oft erfolgversprechender.

Überzeugen

Jeder Sales-Mitarbeiter, der an einem Verkaufstraining teilgenommen hat, weiß, dass Überzeugen die bevorzugte Wahl ist, um Entscheidungen positiv zu beeinflussen. Überzeugen bedeutet, der Gegenseite den Vorteil aufzuzeigen, den eine bestimmte Lösung mit sich bringt.

Als Argumentationsstruktur eignet sich hier besonders PSF – das Persuasive-Selling-Format. PSF besteht aus fünf logisch aufeinander aufbauenden Schritten. Es berücksichtigt wichtige Fragen, die der Verhandelnde beantwortet haben möchte, bevor er sich entscheidet. 1. Warum sollte etwas verändert werden? Wo liegt das Problem und was ist der Bedarf? 2. Was ist die Idee oder der Vorschlag? 3. Wie kann die Idee umgesetzt und realisiert werden? 4. Welchen Nutzen bringt das mit sich? 5. Was genau sind die ersten konkreten Schritte?[3] Bekommt der Verhandelnde plausible Antworten auf seine Fragen, ist der Weg zur positiven Entscheidung leicht.

Wünschen Sie sich für Ihr Team einen schicken neuen Kaffeevollautomaten und möchten Ihren Chef davon überzeugen? Dann versuchen Sie es einmal so:»Mir ist aufgefallen, dass unsere Kunden den Kaffee, den wir anbieten, stehen lassen. Da unsere Kaffeemaschine schon 15 Jahre alt ist, schlage ich vor, wir schaffen uns einen modernen Kaffeevollautomaten an. So können wir je nach Wunsch Espresso, Cappuccino oder Milchkaffee anbieten. Das wird sich auf die Atmosphäre in Verhandlungen sicher positiv auswirken. Unsere Kunden sehen uns als aufmerksame Gastgeber, die auf ihre individuellen Wünsche eingehen. Der Vertriebsmitarbeiter des Herstellers hat angeboten, dass wir den Kaffeevollautomaten erst mal zwei Monate testen, bevor wir uns endgültig entscheiden. Was halten Sie davon?« Dabei überlassen Sie es dem Vorgesetzten, die Entscheidung zu treffen. So unterstreichen Sie, dass Sie dessen Autonomie akzeptieren, was psychologisch geschickt ist. Sie erzeugen ein positives Bild der Zukunft, das den Entscheidungsprozess bei der Gegenseite in die gewünschte Richtung lenkt.

Nachgeben

Nachgeben in einer Verhandlung bedeutet, dass wir ohne Widerrede akzeptieren, was die Gegenseite anordnet. Im ersten Moment wirkt Nachgeben als Schwäche. Doch das ist es nicht immer. In vielen Situationen ist das Nachgeben sinnvoll. Das ist immer dann der Fall, wenn der Aufwand, der betrieben werden müsste, um über das Angebot zu verhandeln, in keinem Verhältnis zum Nutzen steht. Stellen Sie sich vor, Sie würden im Supermarkt an der Kasse mit der Verkäuferin über den Preis des Brots verhandeln, das Sie kaufen wollen. Im Grunde geben wir bei jedem Einkauf nach, wenn wir die ausgeschriebenen Preise akzeptieren. Wenn Sie diesen Gedanken weiterspinnen und sich vorstellen, dass alle anderen Kunden wie Sie um den Preis jedes einzelnen Lebensmittels verhandeln würden, dann gäbe es unendlich lange Schlangen vor den Kassen. Vermutlich würden Sie sich bald eine alternative Einkaufsmöglichkeit suchen, bei der es Fixpreise gibt. Der Vorteil des Zeitgewinns ist größer als der Vorteil des Verhandelns.

Nachgeben wird allerdings immer dann zum Nachteil, wenn es zum Programm wird. Menschen, die Angst vor Konflikten haben, geben in Verhandlungen oft nach – aus Sorge, die Beziehung zur Gegenseite könne darunter leiden. Eine klare Sprache sprechen auch die Synonyme zu »nachgeben«: sich überreden lassen, sich fügen, sich unterordnen, zurückstecken, sich anpassen, gehorchen, kapitulieren, sich richten nach, den Rückzug antreten, resignieren.[4] Man findet außergewöhnlich viele reflexive Formen. Der eine dominiert, der sich fügende Part ordnet sich unter. Auf lange Sicht gesehen verschwindet das Selbst, wenn man immer nur nachgibt.

Den Status quo hinnehmen

Eine Verhandlung zu vertagen, ist eine sehr gängige Praxis. Der große Vorteil ist der Zeitgewinn. Verhandlungen werden vertagt, wenn sie in eine Sackgasse geraten sind, die Gegensätze im Moment unüberbrückbar erscheinen oder die Atmosphäre zunehmend feindselig wird. Oder wenn Emotionen hochkochen und persönliche Attacken stattfinden.

Oft braucht ein absehbarer Kompromiss auch Rücksprachen mit Experten oder der Geschäftsleitung. Möchten Sie ein höheres Gehalt, werden Sie um ein Gespräch mit Ihrem Vorgesetzten und Personalreferenten bitten. Es kann passieren, dass die Vertreter des Unternehmens Ihre Forderung unterstützen und Ihnen bestätigen, wie wichtig Sie für das Unternehmen sind – und dann aber das Gespräch mit dem Hinweis beenden, dass es für dieses Jahr leider schon zu spät ist, Sie aber natürlich nächstes Jahr mitberücksichtigt werden. Dieses Beispiel zeigt, wie die Gegenseite das Vertagen geschickt einsetzt in der Gewissheit, dass Sie sich Ihr Ansehen nicht verscherzen wollen und in den meisten Fällen einlenken werden. Die Gegenseite hat ein Jahr gewonnen, da fließt viel Wasser den Fluss hinunter.

Den Zufall entscheiden lassen

Im ersten Moment klingt das verrückt: »Kopf oder Zahl« soll darüber entscheiden, welche der angebotenen Möglichkeiten Verhandelnde wählen? Manchmal kann es sinnvoll sein, eine Entscheidung durch Münzwurf zu treffen. Haben zwei Ihrer Mitarbeiter Angebote von Software-Herstellern eingeholt, die in der Tat sehr, sehr ähnlich sind, können Sie als Verantwortlicher entweder lange diskutieren oder den Zufall entscheiden lassen und so viel Zeit sparen. Wirklich interessant ist die Methode der Zufallsentscheidung, wenn Sie sich persönlich scheinbar nicht entscheiden können. Nehmen Sie an, Sie haben sich mit einem Freund zu einer Bergtour verabredet. Die Frage ist jetzt, ob Sie auf die Alpspitze oder die Kampenwand gehen. Sie sind unentschieden. Fühlen sich hin und her gerissen. Werfen Sie jetzt eine Münze, passiert oft etwas Interessantes. Während die Münze sich in der Luft befindet, merken Sie, dass Sie sich Kopf oder Zahl wünschen. So gesehen hilft »Kopf oder Zahl« dabei, Entscheidungen, die Sie im Unterbewussten bereits getroffen haben, ans Tageslicht zu bringen. Für Sie eine gute Möglichkeit, um im Vorfeld der Verhandlung Klarheit zu gewinnen.

Eine unparteiische dritte Person hinzuziehen

Wenn Verhandelnde keine Basis für eine gemeinsame Entscheidung finden, dann können sie sich darauf verständigen, eine dritte Instanz hinzuzuziehen, die unabhängig von parteiischen Interessen ist. Immer häufiger finden heute schon Schlichtungen und Mediationen mit ausgebildeten Experten statt. Wie erfolgreich so ein Vorgehen sein kann, zeigt das folgende Beispiel.

NEGO-Life

■ Nägel mit Köpfen bei Hammer & Nagel oder Mit Wirtschaftsmediation zum Erfolg

Die große Zimmerei Hammer & Nagel hatte die Dachstühle für ein Mehrfamilienhaus geliefert, verbaut und erfolgreich abnehmen lassen. Leider beglich ihr langjähriger Kunde, die STAWOBAU, trotz mehrfacher Mahnungen die Rechnung von 400 000 Euro nicht. Deren Auftraggeber, der Bauherr des Mehrfamilienhauses, war eine Erbengemeinschaft, die sich zerstritten hatte und ihrerseits die Zahlung gegenüber STAWOBAU seit mehr als einem Jahr verschleppte. STAWOBAU konnte der Zahlungsverpflichtung gegenüber Hammer & Nagel nicht nachkommen, ohne Insolvenz anmelden zu müssen. Daraufhin initiierte die Zimmerei Hammer & Nagel eine Wirtschaftsmediation, um eine gemeinsame Lösung des Konfliktes zu erarbeiten. Dabei wurde schnell deutlich, dass beide Parteien die langjährige Zusammenarbeit schätzten und nach einer einvernehmlichen Lösung suchten. Sie einigten sich darauf, dass Hammer & Nagel als Kapitalgeber bei STAWOBAU einsteigen würde. Der Kaufpreis für die Anteile von 200 000 Euro wurde mit der ausstehenden Forderung verrechnet. Die restlichen 200 000 Euro wurden als Gesellschafterkredit verbucht. Der langjährige Inhaber von STAWOBAU blieb Geschäftsführer und Gesellschafter mit einem zunächst reduzierten Gehalt, das jedoch mit einem Bonus für die Akquisition und Abwicklung zusätzlicher Bauaufträge gekoppelt war. Auf diese Weise konnte der Inhaber von STAWOBAU seinen Status und sein Unternehmen behalten und hatte im günstigen Fall kaum Gehaltseinbußen. Für die Zimmerei erschloss sich durch die kreative Lösung ein erweiterter Vertriebs- und Kundenkreis und sie konnte die Geschäftsbeziehung als alleiniger Zulieferer sogar noch vertiefen.

Obwohl besonders Wirtschaftsmediationen ein sinnvolles Instrument sind, können sie auch missbraucht werden. Es gibt Parteien, die bei Interessenskonflikten grundsätzlich warten, bis die Gegenseite ihr letztes Angebot unterbreitet hat. Dann, und wirklich immer dann, bestehen sie auf einer Mediation – in dem Wissen, dass in der Regel der Mediator eine Einigung in der Mitte der jeweiligen Forderungen vorschlägt.

Gemeinsam das Problem lösen

Gerne wird die gemeinsame Problemlösung als Königsweg der Verhandlungsführung propagiert. Tatsächlich ist es nur eine von vielen Möglichkeiten der Entscheidungsfindung. Die gemeinsame Problemlösung setzt voraus, dass zwischen den beteiligten Parteien ein hoher Grad an Vertrauen herrscht. Zudem müssen beide Seiten in der Haltung übereinstimmen, dass sie ein gemeinsames Problem haben. Das Risiko ist hoch, dass die »mächtigere« Seite das Problem auf der anderen Seite sieht und ihre Interessen einseitig durchsetzt. Eine seit Jahrzehnten bewährte Methode der gemeinsamen Problemlösung ist das Harvard-Konzept. Es besteht aus fünf aufeinander aufbauenden Prinzipien, die in Kapitel 4 detailliert beschrieben werden.

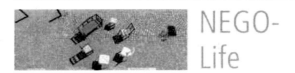

■ Bonjour Madame
oder Unverhofft kommt oft

Anfang letzten Jahres buchte ein Kunde aus Trier ein Verhandlungscoaching. Ich flog von München nach Luxemburg und nahm am späten Abend von dort ein Taxi ins etwa 40 Kilometer entfernte Trier. Als ich dort ankam, forderte der Taxifahrer von mir 160 Euro. Ich hatte im Vorfeld recherchiert und im Internet den Taxirechner befragt, der den Fahrpreis von Trier nach Luxembourg mit 60 Euro angegeben hatte. Nach meiner Intervention rechnete der ältere Herr 60 Euro ab, die ich mit Kreditkarte bezahlte.

Tags darauf, ich saß morgens um sieben Uhr im Hotel beim Frühstück, stand auf einmal der Fahrer vor mir. »Bonjour Madame«, begrüßte er mich und erklärte, er sei schon seit sechs Uhr hier im Hotel. Ihm sei aufgefallen, dass er 100 Euro zu wenig abgerechnet habe. Er müsse das jetzt nachberechnen, sonst bekäme er Ärger mit seinem Chef. Und er brauche den Job unbedingt. Tränen standen ihm in den Augen. Was tun? Ich hätte darauf beharren können, dass wir das Geschäft abgeschlossen haben. Stattdessen holte ich mir Unterstützung an der Rezeption, zumal die Konversation mit dem Fahrer auf Französisch stattfand und mein Schulfranzösisch doch schon etwas eingerostet ist. Es stellte sich heraus, dass es tatsächlich unterschiedliche Taxitarife in Luxemburg und Trier gibt. Allerdings betrug der Preis von Luxemburg nach Trier nur 120 Euro. Dieses Wissen nahm beiden Seiten einen Großteil des Gefühls, übers Ohr gehauen worden zu sein. Wir einigten uns dann darauf, dass er mich am folgenden Tag mit seinem privaten Fahrzeug nach dem Verhandlungscoaching abholen und nach Luxemburg zum Flughafen bringen wird. Dort bekam er dann die fehlenden 100 Euro.

Bei der gemeinsamen Problemlösung ist es sehr hilfreich, den allerersten Impuls »Ich habe recht« im Zaum zu halten, dann für ein gemeinsames Verständnis zu sorgen, Klarheit über die Fakten zu gewinnen und auch offen für neue, ungewöhnliche Lösungen zu sein.

Wir haben also viele Optionen beim Verhandeln – wenn die Bedingungen dazu vorliegen. Ist aber jedes Gespräch, jede Diskussion, jede Besprechung automatisch auch immer gleich eine Verhandlung? Wir sprechen im klassischen Sinne von »verhandeln«, wenn Personen oder Parteien unterschiedliche Interessen haben und miteinander kommunizieren, um zu einer Einigung zu kommen. Eine Übereinkunft ist das gemeinsame Ziel von beiden Parteien. Sie müssen sich in einer wechselseitigen Abhängigkeit befinden, das heißt, einer hat etwas, was der andere benötigt. Es gibt einen Interessenskonflikt und es müssen etwa gleiche Machtverhältnisse vorliegen, ansonsten wird derjenige mit sehr viel Macht eher auf die Methode des Anordnens zurückgreifen. »Friss oder stirb«, lautet dann die Devise.

Beim Verhandeln können zwei unterschiedliche Grundhaltungen eingenommen werden: eine kooperative Haltung, wenn ich den anderen als meinen Partner sehe und ein Ergebnis zur beiderseitigen Zufriedenheit erzielen möchte, und eine kompetitive Haltung. Hier geht es vor allem darum, sich durchzusetzen. Der andere wird als Gegner betrachtet, und den gilt es zu besiegen. Lassen Sie uns die beiden Grundhaltungen näher vergleichen.

Die kompetitive Grundhaltung

Schon im Sandkasten lernen wir zu drohen: »Wenn du mir deine Schaufel nicht gibst, dann darfst du nie wieder meinen Eimer haben.« Schon Vierjährige unterstreichen die Drohung körpersprachlich, indem sie sich vor ihrem Kindergartenfreund in Pose bringen. Die Haltung, die sich dahinter verbirgt: Es kann nur einen Gewinner geben. Und das ist der, der sich durchsetzt. Einer gewinnt. Der andere verliert. So entwickeln sich früh Verhaltensmuster, die Menschen im Laufe ihres Verhandlungslebens weiter perfektionieren. Die Macht des Stärkeren, sich das zu holen, was er will, setzt sich weiter und weiter fort. Wenn der Einkäufer zum Lieferanten sagt: »Wir haben fünf Konkurrenten von Ihnen, die günstigere Konditionen bieten«, dann fängt der Lieferant an zu schwitzen und rechnet im Kopf, wie viel Preisnachlass er gewähren kann.

Das bedeutet:

- Der andere ist mein Gegner, und Gegner gilt es zu besiegen.
- Die zeitliche Orientierung ist auf Kurzfristigkeit ausgelegt, das heißt, ich muss im Hier und Jetzt siegen.
- Der Einzelne versucht, von einem zu verteilenden Kuchen das größtmögliche Stück zu bekommen.
- Der Verhandlungsprozess ist gekennzeichnet durch Antagonismus und den Einsatz von Machtmitteln und Tricks.

- Eigene Energien werden genutzt, um persönliche Interessen durchzusetzen, die Interessen des anderen spielen dabei keine Rolle.
- Die Beziehung ist gekennzeichnet durch Misstrauen und Verdächtigungen, und manchmal wird aus dem Gegner ein Feind – den es zu vernichten gilt.

Die kooperative Grundhaltung

Gleichzeitig lernen wir auch von Kindesbeinen an, dass wir Teil einer sozialen Gemeinschaft sind und mit anderen auf Dauer nur klarkommen, wenn wir gemeinsame Lösungen finden. Im Kindergarten wird das Frühstück freiwillig geteilt, weil dann später beim Malen auch die Wachsmalkreiden geteilt werden. Ein friedliches Miteinander beruht auf Geben und Nehmen. Wir wünschen uns, dass nicht nur wir, sondern auch der andere und die Gemeinschaft zufrieden sind. So entsteht ein Gefühl von Zusammengehörigkeit und von Verbundenheit. Auch das setzt sich im Berufsleben weiter fort. Dem Lieferanten, der mich in Notsituationen nicht hängen lässt, komme ich auch in einer Preisverhandlung eher entgegen.

Das bedeutet:

- Der andere ist mein Partner, und beide Seiten sollen mit dem Ergebnis zufrieden sein.
- Die Beziehung ist auf Langfristigkeit ausgelegt, das heißt, Geben und Nehmen wechseln sich auf Dauer ab.
- Es wird versucht, den Kuchen gemeinsam größer zu machen und anschließend fair zu verteilen.
- Der Verhandlungsprozess ist gekennzeichnet durch Kreativität, Flexibilität und die Suche nach einer gemeinsamen Problemlösung.
- Eigene Energien werden auch in den Dienst des anderen gestellt, um eine Lösung zum beiderseitigen Nutzen zu finden.
- Die Beziehung ist nach der Verhandlung gestärkt, Vertrauen entsteht und entspannt beide Verhandlungsparteien.

Auf der Basis der kompetitiven oder kooperativen Grundhaltung entscheiden wir uns intuitiv oder bewusst für den einen oder anderen Weg. Wenn Sie sich an Marcs Frage an den Verhandlungscoach erinnern, dann können Sie für sich überlegen, was Sie an seiner Stelle tun würden. Im Laufe unseres Lebens haben wir viele Erfahrungen gesammelt und entscheiden uns zum Glück oft richtig.

Nehmen Sie sich ein paar Minuten Zeit, und überlegen Sie, ob Sie bisher eher unbewusst oder bewusst verhandelt haben. Welche Methoden bevorzugen Sie, um sich zu entscheiden? Haben Sie eher eine kompetitive oder kooperative Grundhaltung?

1.3 Es geht nicht ohne: Kommunikation und Kontakt

Verhandeln ist nicht ohne Kommunikation möglich. Wenn Parteien nicht in irgendeiner Weise miteinander in Kontakt treten, kann auch nicht verhandelt werden. Dabei gilt: »Wer verhandelt, muss nicht nur die andere Seite überzeugen, sondern auch das eigene Publikum«, so der israelische Politiker und Friedensnobelpreisträger Shimon Peres, wobei zum eigenen Publikum Teammitglieder, Kollegen und Vorgesetzte gehören können. Verhandlungen finden in sehr vielen Fällen von Angesicht zu Angesicht oder am Telefon statt – also in direkter Kommunikation. Signale können sprachlich und auch nonverbal über Gesten und Körpersprache gesendet werden. Der Deal wird per Handschlag besiegelt oder die Unterlagen werden zugeklappt, um zu unterstreichen, dass es sich um das letzte Angebot handelt.

So gesehen ist eine Verhandlung, wie jede Kommunikation, ein Akt zwischen einem Sender und einem Empfänger. Gesendet wird eine Botschaft. Ob die Botschaft, die der Sender vermitteln will, auch in der gewünschten Art und Weise beim Empfänger ankommt, ist eine andere Frage. Es passiert immer wieder, dass der Empfänger die Botschaft basierend auf seiner Weltsicht wahrnimmt und seiner eigenen Sicht entsprechend interpretiert. Manchmal ist die Wirkung dann konträr zur ursprünglichen Absicht des Senders. Dann reichen auch keine Erklärungen und Versicherungen mehr, es anders gemeint zu haben.

Es lohnt sich, über diesen Aspekt nachzudenken und planvoll zu kommunizieren. Am Verhandlungstisch erfolgt die Kommunikation am unmittelbarsten. Hier entscheidet sich die weitere Zukunft unserer Verhandlung. Wie Verhandelnde miteinander umgehen, bestimmt darüber, ob zu einem späteren Zeitpunkt Vorschläge unterbreitet werden können, Kompromisse gefunden und Einigungen erzielt werden. Kommunikation kann Hindernisse entstehen lassen oder sie abbauen. Latente Vorurteile können bestätigt oder überwunden werden. Vertrauen, Offenheit und Zusammenarbeit können genauso entstehen wie Misstrauen, Verdächtigungen und Verhärtungen. Wenn die Hunde erst einmal von der Leine gelassen sind und Aggression sich ausbreitet, dann können sie sich schon auch mal zerfleischen, und es wird schwierig, sie wieder an die Leine zu nehmen und Ruhe einkehren zu lassen. Nur mit Gelassenheit sind Verhandelnde in der Lage, professionell zu kommunizieren.

Einer der bekanntesten Verhandlungsexperten ist der Engländer Gavin Kennedy, der bislang elf Bücher zu diesem Thema geschrieben hat. Laut Kennedy[5] liegt der Anteil der reinen Kommunikation in einer Face-to-Face-Verhandlung bei etwa 85 Prozent.[6] Hierunter versteht er folgende Aspekte der Kommunikation: Small Talk, Beantwortung von Fragen, Aussagen zu einem bestimmten Thema, Zusammenfassung gemäß unserem Verständnis und Kritik. Nur etwa zehn Prozent der Verhandlungszeit unterbreiten wir konkrete Vorschläge, fünf Prozent verbringen wir damit, an einer Übereinkunft zu arbeiten. Deshalb empfiehlt es sich, sich eingehender mit Kommunikation zu beschäftigen. Ein Verhandlungsprofi ist auch immer ein Kommunikationsprofi.

Wie aber lässt sich eigentlich der Erfolg einer Verhandlung messen? Beim Verhandeln gibt es nicht die *eine* richtige Lösung, nicht *das* perfekte Ergebnis. Die Qualität einer Verhandlung kann an der Effektivität (dem reinen Sachergebnis, also dem, was in den Verträgen steht), ihrer Effizienz (wie viel Zeit die Verhandlung in Anspruch nimmt, um zu einem guten Ergebnis zu kommen) und am Verhandlungsklima (der Qualität der Beziehung der miteinander verhandelnden Personen) gemessen werden.

Die Huthwaite-Studie

Im Jahr 2014 veröffentlichte Huthwaite International eine Studie, für die über 1300 Verhandelnde weltweit befragt worden waren.[7] Die Ergebnisse stellen die Bedeutung der effektiven Kommunikation wissenschaftlich unter Beweis. Überraschend war zunächst die Erkenntnis, dass die Mehrzahl aller Verhandlungen gar nicht im kommerziellen Umfeld stattfindet. 65 Prozent der Verhandlungen sind interne Verhandlungen mit Kollegen und Vorgesetzten oder erfolgen im privaten Bereich, zum Beispiel mit Familienmitgliedern und Nachbarn.

Im Vorfeld der Studie suchte Huthwaite International Menschen, die bereits erfolgreich miteinander verhandelt hatten. Es gab drei Kriterien, die diese Verhandelnden zu erfüllen hatten:

1. Die Verhandlungspartner schätzten sich gegenseitig als effektiv ein.
2. Es gab schriftliche Nachweise (Verträge, Dokumente ...), die den Erfolg der Verhandlung unter Beweis stellten.
3. Die Verhandelnden waren bis dato nur selten in Verhandlungen gescheitert.

Verhandelnde, die den drei aufgestellten Kriterien entsprachen, wurden in einer ersten Versuchsgruppe zusammengefasst. Die Wissenschaftler bildeten außerdem eine zweite Vergleichsgruppe, die aus Verhandelnden bestand, die diesen Kriterien nicht entsprachen. Ziel der Studie war es, die Verhandelnden während einer realen Verhandlung zu beobachten und die Unterschiede im Verhalten von Verhandlungsprofis und durchschnittlichen Verhandelnden zu identifizieren. Durch die bewusste Auswahl und Einteilung der Verhandelnden in zwei Gruppen wollten sie der Falle von Laborverhandlungen entgehen, wo oft ein kurzfristiger Verhandlungserfolg als effektiv bewertet wird, der unter Einsatz von Tricks und kompetitiver Verhandlungstaktik erreicht wurde. Schon eine Studie aus dem Jahr 1978[8] hatte gezeigt, dass Verhandlungsprofis im Gegensatz zu durchschnittlichen Verhandelnden große Unterschiede in der Kommunikation mit der Gegenseite aufweisen. Obwohl alle Studienteilnehmer gleiche Verhaltensweisen zeigten, benutzen die Verhandlungsprofis einige davon signifikant häufiger. Für Huthwaite International war das der endgültige Beweis, dass professionelle Kommunikation der Schlüssel zum Verhandlungserfolg ist.

Ein Verhandlungsprofi ist immer auch ein Kommunikationsprofi

Nach der Auswertung kamen die Huthwaite-International-Forscher zu dem Ergebnis, dass wahre Verhandlungsprofis sich durch fünf kommunikative Fertigkeiten auszeichnen:

- Das Talent, professionell zu überzeugen
- Die Fähigkeit, Eskalationen gezielt zu verhindern
- Die Kunst, das eigene Verständnis zu überprüfen
- Den Mut, Emotionen zuzulassen
- Das Geschick, Vorschläge zu unterbreiten

Auf der Basis dieser Erkenntnis stellten sie folgende These auf: Wenn man Verhandelnde trainiert, professioneller zu kommunizieren, und diese in der Lage sind, die Skills der Kommunikation zu optimieren, dann werden sie auch den Erfolg ihrer Verhandlungen erhöhen.